Excavación de dinosaurios

Curtis Slepian, M.A.

✳ Smithsonian

Autora contribuyente

Alison Duarte

Asesores

Hans-Dieter Sues, Ph.D.
Paleontólogo
National Museum of Natural History

Stephanie Anastasopoulos, M.Ed.
TOSA, Integración de CTRIAM
Distrito Escolar de Solana Beach

Créditos de publicación

Rachelle Cracchiolo, M.S.Ed., *Editora*
Diana Kenney, M.A.Ed., NBCT, *Realizadora de la serie*
Véronique Bos, *Directora creativa*
Caroline Gasca, M.S.Ed., *Gerenta general de contenido*
Smithsonian Science Education Center

Créditos de imágenes: portada, pág.1, pág.18 (superior), pág.6, págs.10–11 (todas), 12 (inferior), 13 (superior), págs.14–15 (todas), pág.16 (centro izquierda, centro y derecha), pág.17 (todas), págs.18–19 (todas), págs.24–25 (todas), pág.31, pág.32 (todas) © Smithsonian; págs.2–3 Photomontage/Shutterstock; pág.7 Gary Hincks/Science Source; pág.9 (inferior izquierda) Lamanna MC, Sues H-D, Schachner ER, Lyson TR [CC 1.0]; pág.12 (superior derecha) NG Images/Alamy; pág.13 (inferior) Anton Ivanov/Shutterstock; pág.20 Phil Velasquez/MCT/Newscom; pág.21 cortesía de The Field Museum, foto de Kate Golembiewski; págs.22–23 (todas) Nikki Kahn/The Washington Post a través de Getty Images; págs.27 (superior) cortesía de Drexel University; pág.27 (centro) Jean-Luc Lacour/NASA; pág.27 (inferior) Javier Trueba/MSF/Science Photo Library; todas las demás imágenes cortesía de iStock y/o Shutterstock.

Library of Congress Cataloging-in-Publication Data

Names: Slepian, Curtis, author. | Smithsonian Institution.
Title: Excavación de dinosaurios / Curtis Slepian.
Other titles: Digging up dinosaurs. Spanish
Description: Huntington Beach, CA : Teacher Created Materials, 2022. | "Smithsonian"--Cover. | Audience: Grades 4-6 | Summary: "Many people go to museums to see dinosaur fossils. But visitors would never get to see these displays without the work of paleontologists. They locate fossils, dig them out, and send them to labs to be cleaned and preserved. At museums, experts decide how to best display huge dinosaur bones. Learn how scientists bring these ancient animals into the modern world"--Provided by publisher.
Identifiers: LCCN 2021049462 (print) | LCCN 2021049463 (ebook) | ISBN 9781087644462 (paperback) | ISBN 9781087644936 (epub)
Subjects: LCSH: Reptiles, Fossil--Juvenile literature. | Paleontology--Juvenile literature.
Classification: LCC QE861.5 .S55618 2022 (print) | LCC QE861.5 (ebook) | DDC 560--dc23
LC record available at https://lccn.loc.gov/2021049462
LC ebook record available at https://lccn.loc.gov/2021049463

Teacher Created Materials

5301 Oceanus Drive
Huntington Beach, CA 92649-1030
www.tcmpub.com
ISBN 978-1-0876-4446-2
© 2022 Teacher Created Materials, Inc.

Contenido

Maravillas prehistóricas

Estás cara a cara con un monstruo poderoso. Se alza casi 4 metros (13 pies) por encima de ti y se extiende a lo largo unos 12 metros (40 pies). ¡Su cráneo de 1.5 m (5 ft) tiene dientes filosos como navajas y largos como plátanos! Por suerte, esta bestia murió hace unos 66 millones de años. Lo que estás viendo no es más que el esqueleto **fósil** de un *Tyrannosaurus rex (T. rex)*. Este dinosaurio asombra a miles de personas en el museo. Te llena de intriga. Te hace preguntarte: ¿cómo llegó hasta aquí este esqueleto enorme?

El camino que recorren los fósiles hasta llegar a los museos es difícil y puede llevar muchos años. Todo comienza con el trabajo de los **paleontólogos**. Los fósiles los ayudan a estudiar el mundo prehistórico. Estos científicos necesitan mucha habilidad y paciencia para hallar los fósiles. Excavarlos es un trabajo físico intenso. Luego hay que limpiar y conservar los huesos. Los expertos de los museos tienen que descifrar cómo encajan los huesos entre sí. Para lograr todo esto, usan herramientas y tecnología. Algunas herramientas son muy antiguas, como el martillo y el cincel, mientras que otras son de alta tecnología, como los **tomógrafos computarizados**.

Esta *T. rex*, llamada Sue, fue hallada por Sue Hendrickson cerca de Faith, Dakota del Sur.

Los fósiles más antiguos que se han encontrado son de bacterias que vivieron hace 4,200 millones de años, descubiertas en rocas de Canadá.

Esta representación tridimensional muestra cómo puede haber sido un *T. rex* cuando estaba vivo.

Encontrar fósiles

Se han encontrado fósiles en todos los continentes, incluso en la Antártida. Pero ¿cómo hacen las personas para encontrarlos? A menudo, los fósiles se hallan en **roca sedimentaria**. Este tipo de roca está formado por pedazos pequeños de roca, grava y polvo. Durante millones de años, las capas de **sedimento** se van apilando una sobre otra. El sedimento se **comprime** y se endurece. En la mayoría de los lugares, no se pueden ver fósiles tirados en el suelo. Los mejores sitios para buscarlos son las zonas áridas, o secas, llamadas páramos. Allí, la **erosión** puede dejar al descubierto los fósiles que están en las rocas. En las partes secas del oeste de Estados Unidos y Canadá, hay lugares como esos. Son como imanes para los buscadores de fósiles.

Hallazgos de fósiles en América del Norte

- Sitios de recolección de fósiles de dinosaurios

Cretácico

Jurásico- Cretácico

Jurásico

Triásico-Jurásico

Triásico

¿Cuál es la mejor manera de hallar rocas sedimentarias y lugares secos? Primero, los científicos pueden estudiar un mapa topográfico. Ese tipo de mapa muestra la elevación del terreno y sus características. Allí los científicos buscan lugares con poca vegetación que no tape los fósiles. Los mapas geológicos también son de ayuda. Ese tipo de mapas muestran el tipo de roca que hay en la superficie de la Tierra. En esos mapas, los científicos buscan los lugares que tienen capas de roca sedimentaria. Si la roca se formó en la época de los dinosaurios, es probable que allí estén los fósiles que buscan los científicos.

1 Un dinosaurio muere, lo cubre el agua y la carne se descompone.

2 El esqueleto queda enterrado bajo capas de sedimento.

3 La erosión deja el fósil al descubierto.

CIENCIAS

Fósiles en la roca

La mayoría de los fósiles de dinosaurio se formaron gracias a que los animales murieron cerca de ríos o lagos, donde quedaron cubiertos rápidamente por cieno, barro u otros sedimentos. La carne se pudrió y solo quedaron las partes duras, como los huesos y los dientes. Durante miles de años, sobre los huesos se acumularon capas de sedimento. La presión endureció el sedimento y lo convirtió en roca. Los minerales de las rocas reemplazaron los minerales de los restos de los animales. El resultado de este proceso son los fósiles.

Estos fósiles se hallaron en el Monumento Nacional a los Dinosaurios, en Estados Unidos.

mapa topográfico creado a partir de una imagen satelital

Está prohibido tocar, sacar, excavar o perturbar de cualquier manera los fósiles hallados en tierras del Servicio de Parques Nacionales de Estados Unidos sin un permiso especial.

Una mirada más profunda

A veces, los paleontólogos tienen que buscar fósiles en lugares remotos. Esas áreas pueden tener cientos de kilómetros de extensión. Los buscadores de fósiles no quieren pasar horas o días caminando. Para eso, necesitan reducir las zonas de búsqueda. Una manera de hacerlo es usar mapas satelitales. Los satélites de la NASA orbitan alrededor de la Tierra. Toman imágenes detalladas de la superficie terrestre. Los científicos estudian esas imágenes. Luego, resaltan las zonas donde hay formaciones rocosas que podrían contener fósiles.

Otra manera de hallar fósiles es buscar en los lugares donde ya se han descubierto fósiles. Un equipo del Museo Nacional de Historia Natural del Smithsonian ha estado haciendo precisamente eso. Están excavando en uno de los yacimientos de fósiles más ricos de América del Norte. Es la formación Hell Creek. La zona incluye parte de Montana, Wyoming, Dakota del Norte y Dakota del Sur. Hell Creek se formó hace unos 66 a 70 millones de años, justo antes de que los dinosaurios desaparecieran. Los científicos excavan fósiles de plantas y animales en Hell Creek desde hace años.

mapa de Hell Creek

Una paleontóloga excava fósiles en una pila de roca sedimentaria.

¡A excavar!

Una vez que llegan a la zona correcta, la mayoría de los paleontólogos encuentran fósiles mediante un método llamado prospección. Eso implica caminar con la mirada concentrada en el suelo. Los científicos buscan fósiles que sobresalgan de la roca. Tal vez identifiquen huesos o dientes esparcidos entre las rocas de la superficie. Para eso es importante distinguir la diferencia entre los fósiles y las rocas. Una manera de darse cuenta es a partir del color. Los fósiles suelen ser más claros o más oscuros que las rocas que están a su alrededor. Los expertos también pueden reconocer los huesos por su forma. Otra pista es la textura. Los huesos normalmente son más lisos y más brillantes que las rocas.

Un grupo de paleontólogos del Smithsonian camina hacia una colina en Hell Creek.

Los científicos tienen más probabilidades de hallar fósiles en zonas con **afloramientos rocosos**, como las laderas de las colinas, los acantilados o los lechos de ríos que se han secado. Hell Creek tiene afloramientos en los que el viento y la lluvia han dejado expuestas capas de roca. Los buscadores de fósiles buscan fragmentos de huesos en la base de las colinas. Los fósiles que han quedado expuestos pueden desprenderse de las rocas y rodar cuesta abajo. Si los paleontólogos encuentran el lugar desde donde cayeron los fragmentos, tal vez hagan descubrimientos maravillosos. Los paleontólogos a menudo caminan kilómetros bajo un sol abrasador antes de encontrar un solo hueso. Buscar fósiles es un trabajo difícil. Pero cuando encuentran algo, todo el esfuerzo valió la pena.

Científicos del Smithsonian envuelven fósiles en papel higiénico para transportarlos de manera segura.

fósil (poroso)

roca (no porosa)

Algunos paleontólogos identifican huesos lamiéndolos. Los huesos pueden pegarse un poco a la lengua porque son porosos (tienen agujeritos), mientras que las rocas no son porosas.

Una científica lee los patrones (a la derecha) de un radar que penetra la tierra.

Búsqueda con alta tecnología

No todos los fósiles sobresalen del suelo. La mayoría están escondidos bajo tierra. Algunos paleontólogos usan herramientas de alta tecnología para hallar esos tesoros enterrados. Uno de esos dispositivos es el radar de penetración terrestre. En el campo, ese pequeño dispositivo de radar, que parece una cortadora de césped, proyecta ondas de radio hacia la tierra. El usuario lee los patrones de las ondas que vuelven rebotadas. A medida que el usuario pasa el radar sobre el suelo, los patrones pueden ir cambiando. Un cambio en un patrón puede indicar que hay un objeto debajo de la tierra.

Paleontólogos del Smithsonian buscan huesos pequeños en Hell Creek.

En la película *Parque jurásico*, la tomografía sónica computarizada mostraba el contorno de un esqueleto de dinosaurio entero, pero en la vida real esta tecnología no muestra tantos detalles.

Las ondas sonoras son otra manera de "ver" debajo de la tierra. Esa tecnología se llama tomografía sónica computarizada. Funciona así: se cavan pozos profundos en los lugares donde es probable que haya fósiles. Luego, se introducen unos micrófonos especiales en los pozos. Una persona dispara un proyectil, o bala, contra la tierra en diferentes lugares. El micrófono capta el sonido de las ondas de choque que produce el proyectil. Los expertos determinan si las ondas sonoras rebotaron contra algún objeto bajo tierra. También pueden estimar a qué profundidad está el objeto y qué tamaño tiene. Esos dispositivos son costosos y no siempre son eficaces. Por eso, la mayoría de los paleontólogos buscan fósiles con el método tradicional: usando los ojos y los pies.

Paleontólogos en acción

El equipo del Smithsonian registra la ubicación de cada fósil encontrado con el Sistema de Posicionamiento Global (GPS). Un dispositivo de GPS recibe señales de satélites de navegación. Las señales detectan dónde se encuentra la persona que tiene el GPS en un radio de más o menos un metro (cerca de una yarda). Pero eso no es suficientemente preciso para una excavación. Los equipos usan dos dispositivos de GPS que, juntos, señalan una ubicación en un radio de unos pocos centímetros (cerca de media pulgada). Los equipos también fotografían los fósiles y hacen un bosquejo del lugar.

Luego comienza la excavación. Algunos fósiles están enterrados en suelos blandos. Los científicos retiran la tierra con pinceles y picas. Pero muchos fósiles están en rocas duras. Tal vez hagan falta cinceles, piquetas o incluso taladros para sacarlos. Generalmente, los paleontólogos no solo retiran los fósiles, sino también las rocas que los rodean. Así, protegen los fósiles. El equipo remueve la roca cuidadosamente con herramientas afiladas.

Hallar y conservar los fósiles

1

Se activa el dispositivo de GPS.

2

Se registra la ubicación del fósil usando señales de GPS.

3

Se excava el fósil y la roca que lo rodea.

Luego, los paleontólogos cubren el hueso y la roca que lo rodea con una capa de yeso y tela llamada férula. Algunas rocas cubiertas de yeso son tan pesadas que tienen que llevárselas en helicóptero. Una vez, el equipo del Smithsonian tuvo que sacar una férula que pesaba una tonelada. Los miembros del equipo pensaron rápido y transformaron una plancha de metal en un trineo. Así, deslizaron la férula colina abajo y la metieron en un camión. La siguiente parada de la férula es el laboratorio de fósiles.

Los diarios de campo como este ayudan a los paleontólogos a registrar la ubicación de los fósiles que encuentran.

TECNOLOGÍA

4

Se cubre el fósil con papel higiénico húmedo y se envuelve en una férula de yeso.

5

Se da vuelta el fósil para colocar la férula en la parte de abajo.

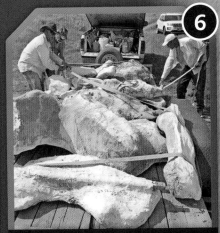

6

Las férulas están listas para viajar al laboratorio.

En el laboratorio

Cuando la férula llega al laboratorio, los **preparadores** ponen manos a la obra. Su principal tarea es separar los huesos de la roca. Durante ese proceso, los preparadores a menudo observan los especímenes a través de lupas o microscopios. Primero, quitan la férula. Luego, usan agujas y lápices neumáticos, que son son taladros en miniatura con una punta muy pequeña. Son la herramienta principal que usan los preparadores para sacar la roca. Si la roca es muy dura, usan pequeñas ruedas para molerla o pistolas de chorro de arena. Luego, usan herramientas más delicadas. Usan palillos de dientes para sacar la roca de las hendiduras. Usan agujas de coser para sacar hasta el último granito de roca. Por último, pueden tratar los huesos con pegamentos especiales para que no se desarmen.

7 Se quita la férula.

8 Se quita la roca con un lápiz neumático.

9 Se tratan los huesos con pegamento para protegerlos.

huella de un dinosaurio en una roca

Los preparadores estudian los dibujos y las fotos tomadas en el campo para saber en qué lugar va cada fragmento de hueso. Esto les permite realizar un trabajo preciso. Y les ayuda a garantizar que los fósiles no se dañen en el proceso de limpieza. Los fósiles limpios se guardan con cuidado. Necesitan estar a la temperatura y la humedad adecuadas. Los fósiles grandes pueden guardarse en férulas de yeso cubiertas de gomaespuma. Los fósiles más pequeños se guardan en cajones especiales. A todos se les coloca un número para poder identificarlos fácilmente cuando se necesite estudiarlos. ¡Con razón puede llevar años preparar los fósiles de un dinosaurio grande!

INGENIERÍA

Todo bien limpio

Para separar la tierra de los fósiles, los preparadores del Smithsonian usan un invento que les ahorra mucho trabajo. Cargan sedimentos en dos rejillas de metal que están sujetas cada una a un extremo de una cuerda. La cuerda está sujeta a una rueda. Cuando la rueda gira, una de las rejillas baja y se introduce en una cubeta de agua, mientras que la otra rejilla sube y sale de otra cubeta llena de agua. Las rejillas suben y bajan una y otra vez hasta que se disuelve toda la tierra y solo quedan los fósiles.

El especialista del Smithsonian Adam Metallo toma imágenes de un fósil de ballena para crear una imagen tridimensional.

El *software* de computadora crea una imagen tridimensional del fósil de ballena.

Huesos en 3D

En el depósito de un museo, puede haber miles de fósiles. El público no puede entrar allí. Pero a menudo llegan investigadores de todo el mundo para estudiar los fósiles de cerca. El problema es que los fósiles pueden dañarse al manipularlos. Por suerte, ahora los investigadores pueden examinar los huesos de dinosaurio sin tocarlos. Pueden usar tomógrafos computarizados. Los hospitales usan ese tipo de máquinas para estudiar a las personas. Pero los tomógrafos también sirven para estudiar fósiles. La máquina va tomando imágenes del hueso mientras rota 360 grados a su alrededor. Toma imágenes de los huesos en rebanadas finas. El *software* de la computadora combina esas rebanadas para formar una imagen tridimensional del fósil. Las imágenes incluso permiten estudiar el interior de los huesos sin tener que cortarlos. También pueden enviarse por correo electrónico a científicos de todo el mundo.

Algunos científicos también usan un tipo especial de **láser** para crear imágenes tridimensionales de los fósiles. Esas imágenes solo muestran la superficie de los objetos. Pero son aún más detalladas que las de un tomógrafo. Los fósiles virtuales les ahorran a los científicos tiempo y dinero. Los científicos pueden estudiar los huesos sin tener que verlos en persona. Y los museos pueden mantener los fósiles en buenas condiciones.

MATEMÁTICAS

Reconocer dinosaurios

El Museo Nacional de Historia Natural del Smithsonian tiene más de 40 millones de fósiles de plantas y animales. La mayoría de los fósiles están guardados en un depósito. Por eso, el museo tiene que usar un sistema de catalogación. Algunos son sistemas numéricos que empiezan con el 1. Otros sistemas usan la fecha en la que se encontró el fósil, con información numerada sobre el lugar donde se halló. Si alguien quisiera ver todos los fósiles para encontrar uno, ¡tendría que mirar más de 109,000 fósiles todos los días durante un año! ¡Serían 77 fósiles por segundo!

Los fósiles pueden ser un gran negocio. Sue, la T. *rex*, se vendió al Museo Field de Chicago por $8.36 millones.

Monstruos en el museo

En los museos, los esqueletos completos de dinosaurios atraen grandes multitudes. Pero lo más probable es que esos fósiles no sean todos del mismo dinosaurio. Los paleontólogos muy rara vez encuentran esqueletos completos, así que los museos completan los huesos que faltan con fósiles de otros dinosaurios del mismo tipo. Es posible que algunos de los fósiles que están en exhibición ni siquiera sean reales. Muchos de los esqueletos que se pueden ver en los museos están hechos en parte con réplicas, o copias. Son varias las razones por las que un museo puede decidir hacer réplicas de un fósil. A veces, no hay fósiles de reemplazo. Otras veces, los fósiles son demasiado frágiles o pesados para exhibirlos.

Para crear una réplica, se vierte goma de silicona sobre ambos lados del hueso. Esta goma flexible crea una copia exacta de la forma y la textura del fósil. Cuando la goma se seca, se puede sacar sin dañar el hueso. Luego, se juntan las dos mitades para formar un molde del fósil entero. Después, se vierte algún material, como resina, en el molde a través de un pequeño agujero. Cuando el material se endurece, se retira el molde de goma. Dentro del molde queda una pieza liviana que es una copia casi perfecta del hueso. Por último, un experto pinta la pieza para que parezca un hueso real.

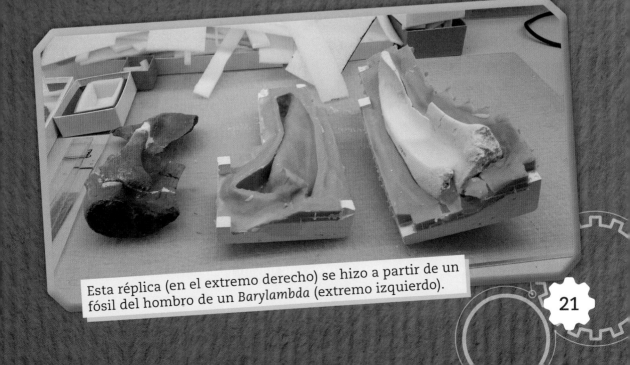

Esta réplica (en el extremo derecho) se hizo a partir de un fósil del hombro de un *Barylambda* (extremo izquierdo).

Alzar a un *T. rex*

El dinosaurio más nuevo del Smithsonian tiene un apodo especial: el *T. rex* de la Nación. También es especial porque es uno de los esqueletos de *T. rex* más grandes y completos del mundo. Muchas personas han trabajado muchos años para exhibirlo. Entre esas personas hay científicos, soldadores e ingenieros. Los expertos crearon diagramas y modelos pequeños del dinosaurio. En ellos, se mostraba exactamente dónde debía ir cada hueso. Se construyeron barras de acero verticales que cargarían con la mayor parte del peso del dinosaurio. Los empleados construyeron un armazón, o estructura, de metal. El armazón pasa por la columna vertebral hasta la cola. Se soldó a las barras verticales. Un herrero fabricó más de cien soportes metálicos. Esos soportes sirvieron para mantener los huesos en la posición correcta. Luego, los soportes se colocaron en la estructura. Antes, todo esto se hacía de otra manera. Los museos hacían agujeros en los huesos para unirlos a las estructuras. En cambio, esta estructura de soporte se coloca a lo largo de los huesos, por la parte externa. No es muy visible para los visitantes. Cualquier metal que toque el fósil está recubierto con materiales especiales, que impiden que el metal corroa o dañe los huesos.

El *T. rex* de la Nación está en una pose como si estuviera comiéndose a otro dinosaurio. Los científicos y los empleados del museo lograron que se viera como lo que alguna vez fue: uno de los animales más feroces que hayan pisado la tierra.

El *T. rex* de la Nación se mantiene en pie gracias a 305 m (1,000 ft) de acero, que hacen que el esqueleto pese 1,800 kilogramos (4,000 libras) en total.

Un soldador hace un ajuste en el armazón.

23

Fanáticos de los fósiles

Muchos museos actualizan sus salones de dinosaurios lo más seguido posible. Algunos agregan dinosaurios nuevos. Otros colocan dinosaurios que ya tenían, pero en poses nuevas. Para crear las poses, se basan en nuevas investigaciones que muestran cómo se mantenían en pie y cómo se movían los dinosaurios. Por ejemplo, ahora los museos muestran los esqueletos de los tiranosaurios con la cola levantada del suelo. También los muestran al acecho. Eso es más fiel a la realidad. ¡Y hace que los dinosaurios se vean más feroces! Pero los museos ofrecen otras cosas además de fósiles.

Este esqueleto de un *Triceratops* agazapado se encuentra en la exhibición *Los últimos dinosaurios de Estados Unidos* del Smithsonian, en Washington D. C.

Ese es el caso de la exhibición *The Last American Dinosaurs* [Los últimos dinosaurios de Estados Unidos]. Se encuentra en el Museo Nacional de Historia Natural del Smithsonian, en Washington D. C. Allí, los visitantes pueden explorar el mundo antiguo de Hell Creek. Una pintura de gran tamaño los invita a imaginar cómo era ese lugar hace 66 millones de años. Muestra una escena repleta de plantas y animales del pasado. Hay un videojuego en el que los jugadores se convierten en fósiles. Un video muestra cómo hicieron los científicos para montar la exhibición. Otro video sigue a un grupo de científicos en una búsqueda de fósiles. Los invitados pueden ver cómo los expertos preparan los fósiles en la vida real. Este tipo de exhibiciones enseña sobre los dinosaurios de un modo interactivo.

ARTE

Arte antiguo

Uno de los murales del Museo Nacional de Historia Natural del Smithsonian muestra cómo puede haber sido Hell Creek cuando los dinosaurios dominaban el lugar. Antes de empezar a pintar, la paleoartista Mary Parrish estudió la colección de fósiles del museo. Les preguntó a los científicos cómo se comportaban los animales. También leyó libros y estudió animales similares que hoy en día viven en zoológicos, en jardines botánicos y en la naturaleza.

Se estima que hay cientos de millones (o incluso algunos miles de millones) de fósiles de dinosaurios en el planeta. Pero hasta ahora se ha encontrado menos de una centésima parte.

Más herramientas increíbles

Las nuevas tecnologías simplifican el trabajo de los paleontólogos. Por ejemplo, ahora los científicos usan **drones** para fotografiar los yacimientos de fósiles. Las fotos aéreas los ayudan a ver todo el terreno y a encontrar huesos de manera más eficiente. Algunos drones incluso toman fotos tridimensionales o hacen mapas del lugar. Eso es lo que sucedió en África. Un grupo de científicos usó drones para fotografiar algunas zonas y luego colocó las imágenes en línea. Cualquiera podía observarlas para señalar posibles fósiles. El objetivo era que las personas los encontraran antes de que se convirtieran en polvo.

Los paleontólogos también usan impresoras 3D. Esas impresoras convierten archivos de computadora en objetos tridimensionales. Los científicos las usan para hacer modelos pequeños de huesos y músculos. Esos modelos los ayudan a entender cómo se movían los dinosaurios.

Seguramente hay más herramientas asombrosas en el horizonte. El láser de un robot de la NASA ha detectado ciertos minerales en Marte. Un día, esa tecnología podría localizar fósiles en la Tierra. El láser analizaría el suelo. Iluminaría ciertas sustancias químicas presentes en los huesos. En los museos, podrían usarse materiales más livianos y menos visibles para reemplazar la estructura de acero de los esqueletos. Los museos incluso podrían dejar de exhibir huesos. En cambio, podrían crear robots parecidos a los dinosaurios reales para que los visitantes sientan la emoción de ver a esas bestias gigantes en acción. Los avances tecnológicos seguirán dándonos aún más pistas sobre el pasado.

Esta imagen por computadora muestra a un robot en Marte y su láser.

Un dron recorre un yacimiento de fósiles.

27

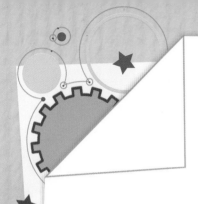

DESAFÍO DE CTIAM

Define el problema

Eres preparador en un museo de historia natural. El director del salón de dinosaurios quiere hacer una exhibición nueva para mostrar unos huesos que un grupo de paleontólogos ha descubierto hace poco. Tu trabajo es crear un modelo de dinosaurio para la exhibición.

Limitaciones: Tu modelo de dinosaurio debe poder verse desde todos los ángulos. Puedes hacer el modelo con cualquier material (por ejemplo, plastilina, papel maché, limpiapipas, papel de aluminio, etc.).

Criterios: Tu modelo de dinosaurio debe mantenerse en pie por sí solo o incluir una estructura que lo sostenga.

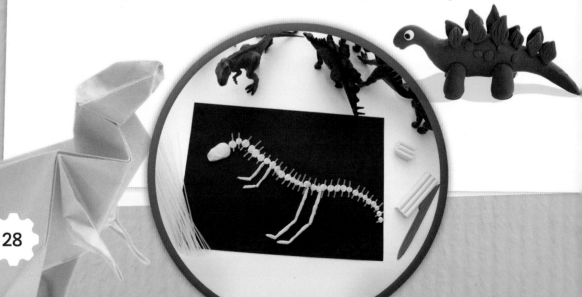

Investiga y piensa ideas

¿Qué diferencia existe entre un preparador y un paleontólogo? ¿Cuáles son las partes más importantes del trabajo de un preparador? ¿Por qué sería necesario mostrar un dinosaurio desde todos los ángulos?

Diseña y construye

Dibuja tu modelo de dinosaurio. ¿Tendrás que usar un armazón o se mantendrá en pie por sí solo? ¿Qué propósito cumple cada parte? ¿Cuáles son los materiales que mejor funcionarán? Construye el modelo.

Prueba y mejora

Muéstrale tu modelo de dinosaurio a un amigo. ¿Pudo reconocer qué tipo de dinosaurio es? ¿Tu modelo se sostiene en pie sin caerse? ¿Cómo puedes mejorarlo? Modifica tu diseño y vuelve a intentarlo.

Reflexiona y comparte

¿Qué otros materiales podrías haber usado para hacer tu modelo? ¿Cómo podrías modificar tu exhibición para mostrar al dinosaurio como si estuviera volando?

Glosario

afloramientos rocosos: las partes de las formaciones rocosas que sobresalen del suelo

comprime: aplasta o presiona algo para que sea más pequeño u ocupe menos espacio

corroa: descomponga o destruya lentamente mediante un proceso químico

drones: pequeños aparatos voladores dirigidos por control remoto

erosión: el desgaste de algo por acción del agua, el viento o los glaciares

férula: una capa dura de yeso y tela que protege los fósiles y permite trasladarlos de manera segura

fósil: restos o rastros de vida muy antiguos, como huesos, caparazones o huellas, que están enterrados

laboratorio de fósiles: un lugar donde los expertos limpian y conservan los fósiles

láser: un haz de luz concentrado y potente

paleontólogos: científicos que estudian los fósiles para comprender el mundo prehistórico

preparadores: expertos habilidosos que limpian y conservan los fósiles en los laboratorios

proyectil: un tipo de bala

radar: un sistema que envía ondas de radio para detectar y ubicar objetos

resina: un material pegajoso que puede usarse para cubrir y proteger objetos

roca sedimentaria: una roca formada por granos depositados por el viento o el agua

sedimento: una capa de piedras, arena, lodo, caparazones, u otros trozos muy pequeños de materia

Sistema de Posicionamiento Global (GPS): una tecnología que señala una ubicación enviando señales de satélites en órbita a un receptor

taladros: herramientas eléctricas grandes que se usan para romper rocas duras u otros materiales

tomógrafos computarizados: máquinas de radiografía que crean imágenes tridimensionales

30

Índice

¿Te gustaría trabajar con fósiles?
Estos son algunos consejos para empezar.

"Ser paleontólogo es un sueño hecho realidad. Buscas y estudias los restos de animales y plantas que vivieron en una época increíblemente remota. La búsqueda de fósiles puede llevarte a cualquier lugar: cerca de casa o a regiones del mundo lejanas".
—*Hans-Dieter Sues, paleontólogo*
(a la derecha)

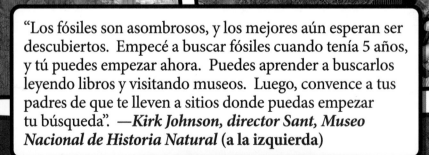

"Los fósiles son asombrosos, y los mejores aún esperan ser descubiertos. Empecé a buscar fósiles cuando tenía 5 años, y tú puedes empezar ahora. Puedes aprender a buscarlos leyendo libros y visitando museos. Luego, convence a tus padres de que te lleven a sitios donde puedas empezar tu búsqueda". —*Kirk Johnson, director Sant, Museo Nacional de Historia Natural* **(a la izquierda)**